물마농꽃

조을홍 시집

• 본 도서는 2024년 부산광역시, 부산문화재단 〈부산시문화예술 지원사업〉으로 지원을 받았습니다.

가슴에 내리는 시 146

물마농꽃

지은이 조을홍
펴낸이 최명자

펴낸곳 책펴냄열린시
주소 (48932)부산광역시 중구 동광길 11, 203호
전화 010-4212-3648
출판등록번호 제1999-000002호
출판등록일 1991년 2월 4일

인쇄일 2024년 10월 15일
발행일 2024년 10월 18일

ⓒ조을홍, 2024. Busan Korea
값 12,000원

ISBN 979-11-989537-0-4 03810

• 저자와 협의하여 인지를 붙이지 않습니다.
• 잘 못된 책은 바꿔 드립니다.
• 이 책의 내용 중 일부 또는 전부를 저자 및 출판사의 동의없이 사용하지 못합니다.

□ 시인의 말

부끄럽지만 더 늦기 전에 용기를 냈지요.
내 가난한 삶에게 주는 선물입니다.

그대여 부디 안녕하시게
그래 주면 고맙겠소.

2024년 10월
조을홍

목차…4
자서…3

제 *1* 부

가시 엉겅퀴…11
가을이 오네…12
고향냄새…14
감은사지에 가다…16
가을 하늘…17
거울이 설레다…18
강촌 오후…20
강물 소리…21
고모의 유월…22
청사포 쑥부쟁이…24
고명…25
고층 아파트…26
곡비哭婢…27
그 남자…28
그리움을 벗다…29
그리움…30
기침을 하다…31
길 끝에서…32

제 2 부

길 위에서…35
길…36
나의 사랑은…37
내게 오지 않은 것들…38
내소사 상사화…39
다리 위에서…40
닫힌 문…41
막차…42
메모를 하다…43
물티슈…44
바람의 길…46
바람이 전하는 말…47
밤나무…48
밭두둑 사이 봄…50
봄꽃 향기…51
북문 가는 길…52
비 내리는 풍경…53
비가 전하는 말…54
비닐봉투…55
장자산을 걷다가…56

제 3 부

산동네 슈퍼…59
물마농꽃…60
섬 쑥부쟁이…61
수교…62
산복도로 수국…64
시월 둔치도…65
안경을 닦다…66
약을 먹다…68
안젤라…70
강가에 서다…71
오래전 풍경…72
언덕을 넘어…74
얼굴…75
쇠물팍 식혜…76
여름은 떠났다…77
왕후의 노을…78
연리지…80
영축사지 다녀온 날…81
울타리를 보다…82
은행나무 등燈…84

제 4 부

장마…87
장미에 끌리다…88
침묵 피정…90
파도 소리를 보다…92
친근한 장마…94
폭풍주의보…95
풍장…96
하늘 물고기…97
핸드폰을 끄고…98
햇간장醬…100
화양연화化樣年華…101
흐르는 강물처럼…102
수제비…103
마늘을 까며…104
미스김 라일락…105
다른 세상을 꿈꾸며…106
갈미조개…108

□ 해설/인식을 통한 사물 나르시즘 · 강영환…110

제 1 부

가시 엉겅퀴

온몸에 가시를 곧추 세우고 있다
허리 세우고 선 가지 끝 보랏빛 꽃송이
홰를 치며 새벽을 부르는 수탉 벼슬이다
다가오지 말라고
줄기마다 톱날 이빨자국이 성질을 내 듯 매섭다
나비도 앉았다 화들짝 달아나고
속으로만 애달파 내가 나를 찌르고
더욱 단단해지며 짙어진 자주빛
새벽 저수지 안개 속으로 스미던 아침의 눈부심을
비바람에 휘청이던 옥수숫대 수런거림까지
길 끝에 서서 많은 것을 보았는데
가까이 오는 친구는 없다
휘파람새 비 그치자 다시 울고
엉겅퀴 물먹은 솜털 풀씨들
무겁게 날다가 들녘에 주저앉아 자리 잡는다
끌어 당겨도 쉬 드러나지 않는
깊숙하게 엉켜있는 집게발 뿌리
잡혀주고 싶은데 얽힌 뿌리조차 매서워
바람결에 꽃잎만 흔들어 본다

가을이 오네

여름이 떠밀리듯 가려 한다
가을이 도착하기 전
상처 입은 나무들 제 잎을 떨구고
잎은 난분분 허공을 가른다
영락 공원 봉안당 삼층
엄마와 오빠를 만나고 내려오는 길
새로 봉안되는 젊은 여인을 만났다
영정사진을 안고 있는 상주는 젊고
울며 뒤따르는 아이들은 어리다
밖은 환한데
내 눈은 먹구름으로 어두워진다
어둠은 그냥 지나가는 법 없이
칼금 표시를 내고 떠나간다
잎이 물들면서
누구에게는 꿈이
누구에게는 아픔이
누구에게는 상처가
우리가 다스리지 못하는 시간들이

조심스럽도록 느리게 조금씩 천천히
아니 어쩌면 쏜살같이 흘러가겠지
노을이 능소화 빛으로 물든다
걸음이 게을러진다

고향냄새

　석길 저수지 둑길 지나 친정 만나러가는 길
　고향집과 비슷하게 가꾼 농장에서 어린 시절 나를 만난다
　감자 캐어 소꿉놀이하고 뻐꾸기 울음 따라 산길을 걷고
　하루가 다르게 벙글어진 목단 꽃
　떨어진 꽃잎에 빗물이 앉아있다
　꽃도 피는 순서가 있어
　감자꽃을 바라보면
　여름이 어디쯤 오고 있는지 알 수 있다
　바람이
　수런수런 밀어 올린 감자 꽃대를 흔들고 간다
　맛있는 바람 맛있는 고향 냄새
　돌아오는 길
　움직임 없는 저수지 위에
　텃새가 된 청동오리 두 마리 놀고 있다
　무거운 몸 끌고 찾던 안태 길 버리고
　아무르 강* 송어 안부조차
　잊은지 오래

〈
석길 저수지에 둥지를 틀었다

유년 냄새를 찾으러 오는 나를 비웃듯
오리는 새로운 집이 신명 난다
해질녘 저수지에 내리는 산그늘이 깊다

* 아무르 강 (흑룡강) : 중국과 러시아 국경을 흐르는 강

감은사지에 가다

높은 언덕에 발을 딛고
하늘을 향해 솟아있는 두 개
삼층 석탑이 숨 쉬고 있다 서탑 앞에
막 세수를 마친 말간 얼굴로 하늘대는 개망초가
너른 들녘에는 미처 어둡기도 전에 울어대는 풀벌레가
시간이 멈춘 듯 아닌 듯 느리게 흐르는 곳
절터 위쪽엔 대나무 숲을 스치는 바람이
파도소리를 내고
바람소리 아득하여 눈을 감으면
기나긴 강물을 거슬러
신문왕의 슬픈 눈동자가 나를 부른다
등잔불 밝힌 오두막 앞에 선 듯
가슴 터지게 반가워
참 오랫동안 기다렸다고
오백 살 느티나무도 가지를 사운댄다
꼬깃하게 접어 명치에 담아두었던
휘파람 소리가 왈칵 눈물겹다
석탑을 지켜온 천년 그림자가
나를 배웅하며 빈 들판을 서성인다

가을 하늘

들길을 걷다 마주친
자줏빛 꽃향유
향기가 유난히 짙다
문득 고개를 들어 보니
하늘이
저만치 높아졌다
구름도 머뭇대는
파란 도화지에
몇 마리 새들이 점을 찍고 있다

거울이 설레다

석 달 전 파마를 했는데 큰 이모를 만났다
잘 삭은 오이지 얼굴빛에
마중물 기다리는 우물처럼 푹 꺼진 눈자위가
오랜 투병 생활을 하던
영락없는 큰 이모였다
적잖은 충격으로 큰 이모를 떨쳐내느라
애면글면 몸과 마음을 추스렸다
닷새 전 아침
지인들 모임에 참석하려고
머리에 한껏 힘을 주고 얼굴엔 분까지 발랐다
거울을 보니 이번엔 언니가 보인다
갸름한 눈매에
살짝 미소 짓는 반달눈썹까지
나보다 세 살 위인 언니를 쏙 뺐다
오늘은 단발파마를 할 요량이다
단발머리가 다른 스타일보다 어려 보인다는
원장님의 조언을 따랐다
지난번과 다른 모양새로 멋을 한껏 부린 오늘
거울 속의 나는 누구로 비춰질까

이모도 언니도 아닌
점잖게 나이든 실버 우먼이길 기대하며
설레는 마음으로 거울을 본다

강촌 오후

고려청자 맑은 빛이 아닌
분청사기처럼 불명한 물길이
속내 드러내지 않고
물기 먹은 바람처럼 흐른다
낮지만 무겁지 않은 햇살이
강가를 배회하며
짧은 시간 내게 눈길을 준다
긴 속눈썹 깜빡이는
물밑 버드나무
가지를 늘어뜨려 수심을 재고
종일 떠들던 갈대들 수런거림도
강물 위에 앉았다
빠르게 달리면 내가 못 쫓을까봐
시간도 더디 흐른다
강가 풍경이 아다지오로 울고 있다

강물 소리

단풍은 단번에 물들지 않는다
숱한 안개의 숨소리를 듣고
숲이 일렁이는 소리도 들으며
그늘진 골짜기의 거미줄처럼
저희들 생각을 시나브로 단풍으로 물들인다
제일 먼저 몸을 바꾸는 풀솜대
빨간 알맹이를 앞세워
강가에 점잖게 자리 잡았다
뿌리 내린 상처가 피워 올린 향기가
강둑 따라 열렸다
상심한 갈대의 몸짓
그늘 섞인 뒷모습이 나와 닮았다
출렁
마음속 강물이 소리를 낸다

고모의 유월

"나를 안고 어깨를 들먹이는 외숙모를 떼어내며
할머니는 외숙모 등을 떠밀었어야
다시는 오지 마시게 이제 우린 남 인거네
스물세 살 어린 나이에 한국전쟁에서 남편을 잃은 외숙모
어른들은 새 삶을 찾으라며 친정으로 보냈지
여섯 번째 외삼촌 제사에 찾아온 외숙모를 할머니는 단호하게 나무랐어야
어둠 속에서 외숙모의 눈이 반짝였어 울고 있었어야
할머니와 나의 배웅을 받으며
동이 트기 전 어두운 길을
몇 번씩 돌아보는 기척만 남기고 외숙모는 그렇게 떠났지
인자 그 기억도 희미허고
현실인 듯 아닌 듯 옛날에 보았던 앨범 속 사진 같기만 혀네
인자 내 소원은
젊디젊은 혼백으로 이름 모를 깊은 산을 헤맬 우리 외삼촌이

어느 산기슭 돌무덤으로나마 쉬고 있기를 바랄뿐이다
신새벽 떠난 외숙모 향긋한 분내는
지금도 내 귀에 내 코에 선한다
또 유월이 왔어야
요새는 현충일 날 오포도 안 불고 요새 사람들은 다 잊어버렸는갑서야
한국전쟁 땜시 죽거나 죽은 듯 사는 사람들인디
불쌍한 우리 외삼촌 우리 외숙모"

고모의 유월은
기다리기라도 해야 숨 쉴 수 있다고 울부짖으며 떠난 외숙모를 기억하는 달이다
손아귀에 움켜쥔 외삼촌의 기억을 떨쳐내지 못하고 한숨 짓는 달이다.

청사포 쑥부쟁이

바짝 마른 갯쑥부쟁이 줄기가
바다의 들숨에 잔뜩 긴장한 듯 꼿꼿이 섰다
포말을 일으키며 달려오는 파도를 바라보며
반가움에 몸을 흔들어 보지만
파도는 손짓 한번 없이 사라졌다
반달처럼 휘어진 모양이
바다를 안고 있는 듯한 청사포 해변
다릿돌 전망대 바위틈에 싹을 틔운 쑥부쟁이는
사계절을
바다 위를 오고가는 파도에게
몸을 흔들며 연정을 주었다
본 척 없이 사라진 파도 뒤로
빨간 등대가 빤짝
윙크로 위로해 준다

고명
― 인연따라

눈 같은 얼음가루위에
팥과 젤리가 꽃으로 얹히고
부드러운 연유가
나비의 날개처럼 내려앉으면
그때 비로소
팥빙수로 태어난다
얼음가루, 팥, 젤리 그리고 연유
그들이 만나는 건
제 맛을 내기 위한 인연이다
인연으로 만나 제 모습을 갖춘 것이다
꿈을 향해 걷는
혼자서는 이룰 수 없을 것 같은 긴 여정에
슬며시 다가와
누군가
같은 방향으로 걸어준다면
외로운 여정이 지루하진 않겠다
팥빙수의 고명처럼
툭
내려앉을 인연이 그립다

고층 아파트

새벽 세 시
꼭대기 층에 불이 켜있다
이따금 그림자 움직임이 보인다
수험생일까
밤낮 바뀐 젖먹이가 우는 걸까
밤이지만 층층마다 작은 빛이 있어
어둡지 않은 고층 아파트
큰길 건너
도열하는 병사처럼 우뚝 선 집단 사이로
바람이 실비를 흩뿌리고 간다
가느다란 빗줄기 사이로
그림자 실루엣 하나
베란다에 우두커니 서 있다

곡비 哭婢

숨소리가 급해졌다
가쁘게 몰아쉬기 시작하더니
어깨를 들썩이며
뜨거운 눈물을 내뱉는다
고구마 익는 냄새가
렌지를 떠나 식탁 위를 넘나들고
무심히 냄비를 바라보다
냄비가 흘리는 눈물에
가슴에 구멍이 뚫린 듯 시려온다
코끝이 맹해지며 울음이 터질 것 같은데
눈물은 나오지 않는다
엄마 임종 때도 그랬다
눈이 마르고 입이 마르고 끝내는 폐까지 마른다는
쇼그랜증후군이다
눈물 없는 나를 대신해 울고 있는
렌지 위 냄비가 고맙다
나의 곡비다

그 남자

몇몇은 내리고 몇몇은 오르고
기차는 멀어 진다
저물 무렵
지난 시간 가방에 담아
등에 메고 어깨에 걸고 가슴에 안았다
겹겹이 걸친 옷은 때에 절었다
소슬바람에 길 잃은 아이같이
신호등 앞에서
골목 끝에서
국화 빵집 앞에서
냄새 찌든 가방 안고 서성거린다
황급히 비껴가는 군중들
눈과 귀를 막은 채
꿈도 없는 잠 속을 헤매는지
만날 기약 엄두 못 내는 손끝이 너무 멀다
귀먹은 소리 중얼대더니
문득 눈썹이 구겨진다
빗장 연 눈빛에 물결이 출렁이고
지친 발길에 노을이 닿았다

그리움을 벗다

수틀에 누운 옥양목
박음질로 수놓인 초록 등이
하늘을 향해 팔을 벌리고
작은 키 세워 햇살을 받는다
싸리 울타리 옆에는
멀대같은 대궁에 꽃송이 문 상사화가
지천으로 피었다
꽃술 입에 물고
바람결에 흔들리는 꽃대를 보니

"이루어질 수 없는 사랑"

꽃말이 좋아 상사화를 좋아한다던
실연을 이기지 못해 먼저 간
숙이 언니 생각에 가슴 한 켠이 아렸다
아픔을 수놓을 수 없어
빗방울을 수놓았더니
시냇물이 생겼다

그리움

불현듯 찾아와
콧등을 시리게 하더니
하염없이 먼 산을 바라보게 한다
구름 한 점 없는 하늘이
눈부시게 서럽다
저기
겨울을 건너 봄으로 오는 하늘이
무심하게 지상을 굽어보고 있다
하늘을 따라온 바람 끝자락에서
봄 냄새가 난다

기침을 하다

비스켓을 먹다가 가루가 자꾸만 목에 걸린다
기침이 난다
물을 마시며 요즘 왜 이러지 생각한다
오이채를 썰다가 손가락을 베었다
검지 손톱 반쪽이 달아날 만큼 상처가 깊다
피가 몽글몽글 솟는다
아프다 생각만 할 뿐 멀거니 바라보고 있다
문득 온몸에 소름이 돋으며
'아 병원' 하고 소리 지른다
손가락을 감싸고 병원으로 갔다
아프다는 생각을 하면서
병원에 가야한다는 생각은 미처 못한다
생각과 행동이 따로 놀면서
반 박자씩 늦어졌다
날 궂어 어깨 결리는 날 많아지면서
나이를 잊고 서두르다 숱하게 넘어진다
몸이 콜록대며 신호를 보내는데
이제는 생각이 몸을 따라주지 않는다
이미 온몸에 감기가 퍼져 버렸다

길 끝에서

수선화 환하게 등불 켠 봄날
앙다문 입술을 한 채
국화 무더기 속에서 웃고 계시네요
지금쯤
이승 길 끝에 앉아
삼도천三途川*을 바라보고 계시나요
눈물에 젖어 부은 얼굴로
그대의 사진틀을 쓰다듬는 가족들
눈에 밟혀 차마 떠나지 못하는지
전생을 지우는 바람처럼
후생을 건너가는 물결처럼
노란 국화 꽃잎 하나
바람에 떨어집니다

*삼도천 : 이승과 저승을 나누는 경계선에 있다고 하는 강

제 2 부

길 위에서

백양농원은 구절초가 길이다
무더기로 피어 미소 짓는
가지를 꺾어볼까
고개 숙이다가 발견한
개미들의 행렬
애벌레 비슷한 먹이를 물고 있다
선두에 있는 몇 마리와
먹이 물고 뒷걸음질하는 두 마리
뒤에서 힘 쓰는 여섯 마리가
애벌레와 엉켜 실랑이를 한다
한식경 지나는 동안 작은 진전도 없다
안쓰러운 마음 감추듯
눈을 돌려 산길을 바라보니
일행들 옷자락도 보이지 않는다
순간
길 위에서 길을 잃은 듯 시선이 아득하다
가을 산바람이
구절초를 흔들고 있는데

길

물이 강을 흐르게 하는지
바람이 물을 흐르게 하는지
어쩌면
모두의 곁을 스치는
세월이 바람을 흐르게 하는지
갈대가 꽃을 피우면
새들은 떠나고
또 돌아오고
물안개 따라서 가다보면
누군가 웃으며 반길 것 같은
그리움
아련함 줄기 따라
오늘도 쉼 없이 떠난다
밝은 불빛이 기다리는 그곳으로

나의 사랑은

씨 뿌리는 계절이 지났다
눈 감고 있다가 잊었던
싹 틔우고 싶어
채송화 씨앗을 파종했다
긴 낮잠 속에 보냈던 시간들
스멀한 푸름이 눈에 들었다
숫자는 씨앗을 먹고 키를 키웠다
어느 날
복병 같은 햇살이 새싹을 삼켜버렸다
가슴 설레게 다가온 새싹이
홍역이 되어 버렸다
재도전은 꿈이 아니었다
흙을 밟고 올라오는 새싹
힘찬 여정이 손을 내민다
애기 고사리 발끝이 당당했다
지금도 몸집을 불리고 있는 아이
눈빛이 튼튼하다

내게 오지 않은 것들

항상 짓누르는 숙제다
꿈 속에서조차 누군가가
나를 위해 기도한다
좋은 대화 방법이 될 수도 있겠구나 하는 기대로
벌떡 일어나 보지만
머릿속을 이리저리 헤매며
정리가 되지 않는
마음속의 언어들
일이 생길 때마다
복병처럼 숨어 있기만 할 뿐
부족함을 보면서 무심히 떠나 버린다
항용
언저리를 맴도는 그대여
내게 들어와
더 어른스럽게
더 현명하게 자라주오
그대 지혜여

내소사 상사화

전나무 숲길 그늘 아래 수척한 길섶에서
보았다 때맞춰 핀 노랑 상사화 무리
낡아빠진 그리움 안고 서늘한 나무 그늘 이곳저곳
꽃대 올려
쿨럭쿨럭 봉우리 터뜨리는 애틋함이라니
가지 사이로 회초리 햇살 쏟아지고
호랑나비 한 마리 꽃잎보다 긴 상사화 꽃술에
그대 떠난 안부 전해 준다
울컥 목 따갑게 일렁이는 눈 부신 햇살이
수목 사이 저벅대며 걸어오는 바람이
차마 만나지 못하고 떠난 그대 서사를 말해 준다
바람결에 그대의 노래 소리 웅얼웅얼 들린다

다리 위에서
―광안대교에서 새벽을 맞다

아직
동틀 기척도 없는데
바다는 흰 파도를 일렁이며 하루를 준비한다
히말라야 혹은 알래스카
어쩌면
아마존에서 떠나왔을지도 모를 파도들이
저마다의 언어와 몸짓으로 짜낸
푸른 융단을 펼치며 하루를 연다
신새벽
눈부신 바다 허리에 서서
가슴 아래로부터 숨을 끌어올리며
두 팔을 올려 기지개를 켠다
새로운 하루를 시작한다

닫힌 문

천 년 전 아라가야부터
땅속 진흙밭에서
꽃을 피워보리라 호흡을 멈추지 않던
아라홍련 씨앗
싹을 틔우느라 홍역을 앓고
꽃대 올리느라 몸살을 했다
이슬 머금은 아침 햇살이 윤슬로 오던 날
끌어안은 꽃잎이 한 장씩
공작 깃털같이 펼쳐진다
천년 닫힌 문을 연
아라홍련
날개 단 꽃잎이
살붙이로 껴안은 몸살앓이를
아끼지 않고 벗어 버렸다

막차

낯선 눈길로
탐색하듯 서로의 무표정을 읽는다
하루의 고단함을 업고
어깨를 늘어뜨린 채 앉아 있는 사람들
오늘의 기억들을 꺼내
하나하나 닦아주고 있다
막차를 기다리며
이미 출발했을 내일을
마중하고 있다
모두가 절연구간처럼 아득하다
내려야 할 역은 아직도 먼데

메모를 하다

별을 쫓던 꿈이
길을 잃어버렸다
물을 주듯
영양제 몇 알씩
뇌세포에 보충해주지만
떠나가는 기억들은
굽어버린 척추처럼
돌아올 생각이 없다
소환될 기억이 아니라면
나이 탓이란 서툰 조바심은 제껴두고
귀를 세울 수밖에
시장길을 나서기 전
쪽지부터 챙긴다

물티슈

양반다리로 마주 앉은 그녀가
내 표정을 하고 있다
나를 따라 다니며
흉내를 낸다
화장을 지우고 창문 틈새를 훔치고
운동화 먼지를 털 때도
같은 동작을 한다
까실한 가을 햇살에
실눈을 한 채
나를 보고 있다
눈물을 흘릴까
한참을 쳐다보지만
잘도 참는다
겉모습은 나를 닮았는데
속마음을 알 수 없다
마음까지 보고 싶어
물티슈 한 장 빼서
거울을 닦아본다
말끔해진 거울 앞

그녀 얼굴이 환하다
마트 가는 길
언제 들어왔는지
주머니 속에서
그녀가 내 손을 잡고 있다

바람의 길

바람에 밀리며 종일 수런대던 창
서성이며 부딪히는 바람 길이 궁금하다
큰 키로 달려와 안길 때는 사정없이 뿌리치고
작은 몸짓에는 넌지시 얼굴 붉혀보지만
늘 흔들어대고 떠나는
상처가 깊다
나른한 봄날 오후가
창을 지나 거실에 내려 앉는다
떠돌이 봄바람도 쉬고 있다
벚꽃 잎 난분분 그림자가 흔들린다
자분대던 긴 봄 햇살이
떠날 채비를 한다
춘란春蘭 고개를 떨구었다

바람이 전하는 말

절벽 위 홀로 핀 섬 쑥부쟁이
몸을 휘감는 석양에 초침 내려놓고
귓볼에 매달리는 파도 소리에
슬며시 몸을 흔든다
갈참나뭇잎 부채질 소리
소슬바람 눈썹 간지럽히는 소리에
가슴 먹먹해지는 구월 들판
갈빛으로 옷 갈아입을 준비를 한다
가뭄으로 입술 갈라졌던 여름 생각에
머뭇거리는 초침 서둘러 삼키고
꼬리를 물고 있는 더위 끝자락을 잘랐다
팔월이 기차를 타고 떠났다
더위도 따라갔다
그때
벼랑 끝에 선 쑥부쟁이
바람이 전하는 늦여름 말을 들었다
내년에 다시 만나자는

밤나무

서른 나이테가 넘어졌다
무성한 가지를 넘나들던 동무들
박새 딱새 휘파람새
이따금 뻐꾸기도 탐내던 비릿한 꽃향
넘어지는 순간 눈앞을 스쳐간다
여름으로 꽉 찬 둥치는
여러 번의 도끼질과 톱질에도 쉽게
쓰러지지 않으려고 뿌리를 움켜쥐고 있다
선혈처럼 날리는 톱밥들
잘린 몸통에서 슬프게도 푸른 도끼날 냄새가 난다
이제 밤나무 가지 사이로 내리는
햇살을 볼 수 없으리라
가지가 잘릴 때마다
부서지고 흩어지는 바람소리들이
밤꽃향이 되어 말을 걸어온다
이제 밤을 따고 싶으면
허공에 장대를 걸어야 한다
허공을 후려치면 낮달이 작게 웃겠지
부러진 우산살처럼

〈
다시 펼치지 못할 꿈들이 종소리처럼
느릿느릿 구름 아래를 거닐겠지

밭두둑 사이 봄

쇠스랑부터 챙긴다
두 발 짧은 쇠스랑이
내 힘쓰기에 딱이다
황무지 개간하듯 땅을 찍어 내리고
자갈도 골라내고
덩어리진 흙을 잘게 부슬 때면
엎드려 있던 봄이
잔기침하며 깨어나고
밭둑에 앉아 있던 제비꽃
파랗게 입술 질려 꽃대를 세운다
두 손으로 흙을 비비며
두둑 올리는 일에 힘을 쏟다보면
머릿속 모든 생각이 멈추고
낮지만 무겁지 않고
부드럽지만 가냘프지 않은
하늬바람이 볼을 스친다
뒷산 딱따구리도 박자 맞추듯
집짓기 공사 시작이다

봄꽃 향기

송아지 타이르는
어미 소 느린 울음소리
골목까지 새어나왔다
흑백사진처럼 무거운 한낮의 골목은
찬바람만 서성대고
떠날 채비가 덜 된 그림자 긴 겨울이
긴장한 듯 발꿈치를 들고 있다
한 줄 매화향이
골목에 실금을 그린다
눈치 살피던 겨울
잰 발걸음을 돌리며 느릿하게 문을 닫았다

어미 소 하품소리가 골목을 채우고
미소 짓던 산수유 꽃향기
사방으로 흩어졌다

북문 가는 길

여름 내내 피고
여름 내내 졌을 배롱나무를 지나치자
산국화 길섶에서 인사를 한다
첼로의 중저음처럼
산그늘 짙은 길로 들어선다
길이 끊일만하면 또 다른 숲길이 시작되는
산모퉁이 지나기를 여러 번
굴참나무 은사시나무 사이로
길게 누워있는 커다란 바위가 보인다
'와불 같다' 는 내 말에
'큰 애벌레 같다' 는 친구
같은 바위를 봤는데 보이는 느낌은 각각이다
손 시린 바람에 배롱나무 하얀 꽃
오래도록 흔들린다
골바람이 등을 떠미나보다

비 내리는 풍경

살 부러진 우산을 버린 남자가
울고 있다
눈물 떨어진 걸음마다
바닥은 어깨를 들먹이며
같이 울어준다
눈물 가두었던 웅덩이에
바람이 길을 내주면
눈물은
보풀이 되고 강물이 되고
바다가 된다
비를 멈추지 못한 사내가
처마 밑으로 들어선다
그러다 문득
허물어진 마음을
다시 채울 수 없음을 깨닫고
빗속으로 다시 들어간다
하늘은 비를 멈출 생각이 없다

비가 전하는 말

하늘이 울고 있다
흐느낌으로 시작하여
오열로 변했다
구름이 낮게 내려와
스멀스멀 모두에게 젖어들고
땅도 어깨를 들썩이며
한숨을 쉰다
그 사이로
새싹이 돋아나고
두 잎을 가진 새싹은
줄기에 힘껏 물을 올린다
싹을 틔워라
꽃을 피워라
열매를 맺어라
가지 끝에 달린 물방울들이
노래를 한다

비닐봉투

영동 복숭아 가득 실은 트럭이
단내 떨구고 떠난 아파트 단지
단내만 흘린게 아니다
아이의 환한 웃음과
침 흘리며 도란도란 밤참이 담길
비닐봉투 함께 떨어져 있다
진하고 달디 단 바람이 분다
단내가 작정하고 집에 들어 왔다

장자산을 걷다가

서리 얹힌 낙엽을 밟는다
가을과 겨울을 함께 밟는다
가지만 앙상한 참나무 아래
찬바람이 다람쥐처럼 뛰노는 은사시 나무 아래
노란 털머위 꽃대 지천으로 군무다
진종일 질척대는 허리 통증을 이겨보리라
장자산 낮은 길을 걷다가 마주쳤다
손 시린 바람에 홀씨를 날리는
푸른 잎이 싱그러운 털머위꽃
부채살이 퍼지며
감겨오는 푸른 기운이 몸을 데운다
넌지시 건네는 위로가 눈물겨워
그 위로를 고봉으로 채워 담는다

제 3 부

산동네 슈퍼

손잡이에 묻은 흙까지 말끔이 씻었다
물속으로 스며드는 흙에 봄이 업혀 있다
무엇이 그리 바쁜지
식탁에 오르기도 전에
냇물을 따라 밭 아래 저수지로
봄 냄새를 전하러 흘러간다
호미를 정리하며 광주리 가득 봄을 담는다
냉이에게서 향기를 가져오고
머위에게서는 쌉쌀함을 받아오고
어린 쑥의 알싸한 풋내까지 꾹꾹 눌러 담는다
오갈피순, 엄나무순, 참빗살나무순 까지
봄이 지천으로 널려있다
입맛대로 골라 담을 수 있는
우리 산골 농장
온갖 자연 선물로 가득한
산동네 슈퍼다
돌아오는 차창 밖으로 봄이 먼저 달려간다

물마농꽃*

노르웨이의 오월이
우리 집 꽃밭을 지나갔다
꽃밭은 빙하를 닮은 작은 동산이 되었다
매화향 같은 엄마 분내 뿌리며
물마농은 꽃대를 세웠다
할아버지 친구가
제주도에서 보내셨다는 알뿌리 몇 개
할아버지는 꽃밭을 친구 선물로 채우셨다
추사가 다산에게 선물했다는 얘기에

더 아끼는 물마농꽃이
뜨락을 향기로 채웠다

* 물마농꽃 : 제주 수선화

섬 쑥부쟁이

멀어지는 저녁놀을 바라보다가
맑게 들리는 시냇물 노래에
나뭇잎 부채질 소리에
먼데서 온 바람소리에
가슴이 먹먹해졌다
구월 들판은
갈빛으로 물들어가면서
가뭄에 젖었던 여름을 보내기 아쉬워
머뭇거리는 초침조차 삼켜버린다
떠나기 싫은 더위는 까치발을 하고
연잎 뒤에 숨었다
시간은 기차를 타고 떠났다
늦여름 장맛비에 한풀 꺾인 더위도 휩쓸렸다
절벽 위에 홀로 핀 섬 쑥부쟁이
바람이 전하는 말을 들었다

수교*

"오메 똘배나무 꼭대기도 안 보여야"

새만금 방조제 앞에서
어머니는 눈시울을 비비셨다
된바람에 넋을 실어 보낸 듯
우두망찰
눈썹이 물들도록 바다를 지켜보신다
지도에서 사라져버린
돌배나무 고향 수교
물에 잠겨 서해 한 자락이 되었다
어깨 큰 갱물이 민물과 만나던
만경강 한 자락이었던 곳
비 내리는 날이면
부엌으로 기어와 진을 치던 참게들
밤낮없이 발꿈치 세우던 숭어들
가물거리던 시간이 사라지는
어머니는
그조차 꿈인 듯 눈을 감는다
눈가에 눈물 한 방울 맺힌다

"수교에 가고 잡은디"

*수교 : 새만금 방조제 공사로 수몰된 전북 김제 죽산면 마을

산복도로 수국

수백 개 가파른 계단과
수십 개 미로가 엉켜있는 나른한 골목
보도블록 뚫고 올라온 망초꽃 대궁이 섧다
구봉산 치유 숲길 오르는 산복도로
한 뼘 골목 사이에 서넛 모여 앉아
낡은 대화로 하루를 보내는 황혼들
시든 열무처럼 풀기 없는 목소리가
가파른 계단이 힘겨운지 바람 따라 흩어진다
계절풍 같던 고단함을 쏟아내던 앞마당 부산항도
높다란 아파트 뒤로 숨어
고개 빼고 찾으면 겨우 꼬리만 잡힌다
루핑 지붕이 스레트로 또 다시 양옥으로
바뀌도록 속 깊은 울음 들어주며
올망졸망 부대껴온 사촌들이다
골목 앞
커다란 고무통에 손바닥만큼 큰 꽃을 달고 있는
수국 혼자서 울울창창이다

시월 둔치도

낡은 집들의 묵은 눈길에 외할머니가 보인다
갯내가 외갓집을 불러왔다
자귀풀 물참새피 지천으로 덮힌 도랑에
촉수 늘어뜨린 우렁이 느린 산책
재재새 떠난 갈대 위로 청동 오리 떼 무겁게 날고 있다
갈대 허리를 안은 바람의 춤사위가 오리들을 마중하는
낯익은 갯가 풍경
갈댓잎 찬바람
논둑 길 멀리에서 손 흔드는 어린 소녀
썰물의 울음소리
빈 정류장에 앉아 하염없이 바라본다
한 귀퉁이만 보고 떠나는 듯 비워진 동구 밖이 발길을 잡는다
아무도 오르지 않는 버스
모래바람만 태우고 떠난다

안경을 닦다
—미술관 지나 병원

"이번 정류장은 시립 미술관입니다"

버스 안내 방송이 들린다
내려 볼까 내렸다 갈까
하지만 육 개월이 지나도록
병원 바로 전 정류장 미술관에 내려 보지 못했다
뻑뻑하고 따가운 눈은 좀처럼 차도가 보이지 않는다
눈부심은 오히려 더 심하다
의사는 조금 더 기다려보자는 일률적인 처방뿐
답답하고 불안한 마음은 미술관 정류장에 내릴 여유조차 주지 않는다
미술관 미술관 아 미술관
오늘도 그냥 지나친다
어찌할 수 없는 무능함에 슬그머니 부아가 치민다
벚꽃이 환하게 불을 켰다
애기가 손가락을 펴듯
연두빛 은행잎이 기지개를 켜고
봄 햇살 아래 만물이 분주한데
내릴 곳에 다다른 나는

애꿎은 안경만 닦고 있다
또 그냥 지나치는 미술관 정류장

약을 먹다

더이상 참지 못하겠다
온 신경이 통증에 매달리니
고통은 두 배다
입은 바짝 마르고
어지러움은 메스꺼움까지 데려 왔다
내일 아침에는 입술도 부르틀 것이다
오랫동안 괜찮았었다
혹여 약을 먹어야한 때는
성분을 체크하며
조심 또 조심했었다
별다른 후유증 없이
십여 년을 넘기다보니
느슨해진 탓이다
심한 두통에
무심코 삼킨 피린계 진통제 두알이
두 손 두 발을 들게 한다
나이가 들면 체질도 변했으련만
좋은 것은 미련 없이 떠나면서
버려져도 되는 것은 끈질기게 버틴다

오히려 더 심해진 부작용은
나약해진 몸과 마음을
제멋대로 휘젓고 다닌다
약으로 생긴 고통에
느슨해진 늙음만 탓한다

안젤라

무조림을 살캉 씹으니
입안에 햇살과 넓은 들판이 가득 찬다
달짝지근한 매콤함이
엄지척이다
들기름에 볶은 미역국은
파도를 소환한다
조개나 도다리 없이
바다를 데려왔는지
시원한 국물 맛이
밥집 주인 안젤라다
매일 스무 개 도시락을 싸면서 웃는 모습이 천사다
짭쪼롬한 장아찌를 곁들여
독거노인에게 사랑을 전하는 안젤라
오늘도 점심시간이 지나자
하늘과 바다를 도시락에 담는다

강가에 서다

달아오른 프라이팬 도시를 빠져나와
낙동강 강가를 걷는다
제식 훈련병처럼 꽉 조인 일과
한 마리 변방의 늑대처럼
엉킨 실타래같은 안개 속을 헤매다가
겨우 묶인 집에서 빠져나와
그마저도 개운하지 않은 숨쉬기를
강물을 보며 추스른다
강가 버드나무
가지를 내려 어깨를 토닥이며
아낌없이 주는 위로
누추한 내 그림자 지울만큼 깊다
길게 부는 바람 한 자락에
춥고 눅눅한 마음 널어 말리다보면
그늘 따위 검불로 흩어지고
노을빛 물감만으로 쓱쓱 문질러 그린 듯
하루를 소진한 해의 마지막 잔광이
내 눈에 노을을 채운다

오래전 풍경

그 여름
황금빛 태양이 하늘을 채우던
평범한 하지夏至쯤 어느 날
익지 않은 탱자로 공기놀이에 열중일 때
천둥 번개가 데려온 소나기가 쏟아지고
장대비에 흠씬 두들겨 맞으며
울음을 터뜨렸을 때
맨발로 달려 나와 앞치마에 나를 감싸
마루에 앉혀주신 엄마
사정없이 때리는 빗줄기 너머로
해당화 울타리와 사철나무를 바라보며 느끼던 고요함이라니
세찬 빗줄기도 잠깐
시침 뚝 뗀 채
마당 한켠 웅덩이에 넘실대는 싱그러운 햇살에
철 이른 잠자리 날개를 털고
봉오리 펼치고 싶은 해바라기 꽃대는 더욱 꼿꼿했다
아슴한 어릴 적 풍경이
상처에 앉은 딱지처럼

나도 모르게 달아난 기억 사이에서
오십 년이 지난 오늘
눈앞을 스치며 나를 껴안는다

언덕을 넘어

상처 없이 떨어진 동백꽃을
비켜가며 걷는다
동백숲 그늘진 산모퉁이 돌아
비탈진 언덕을 넘으면
와글와글 내리쬐는 햇살에
바다가 눈부시다
이때쯤 물메기 돌아오는
샛갯마을* 에서는
언덕길 내려온 수많은 인기척들이 수런대고
나무 그림자 앉았다 가듯
물결은 찬 기운이 한 겹 더해져
깊고 서늘하지만
겨울 바다가 주는 선물은 햇살보다 더 살찌다

*샛갯마을 : 통영 추도에 있는 마을

얼굴

눈빛만으로는 좀처럼 알 길이 없어
평안한지
착한 척 하는지
거짓인지 조차
모르겠어
마음이 드러나는
얼굴이 보이지 않는 세상
역병은
사람들의 마음을 마스크로 덮어 버렸다

쇠물팍 식혜
―엄마 생각

햇살이 폭포수처럼 등에 꽂힌다
뿌리채 캔 쇠물팍 뿌리 흙을 털자니
등줄기에서 땀이 흐른다
풀숲에라도 몸을 숨기고 싶다
쌉쌀한 맛이 싫어 입에 대지도 않았던 쇠물팍 식혜는
엄마가 자주 만들던 약이다
허리가 아프다고 하시거나
무릎이 아리다고 하신 뒤엔
어김없이 만드시던 쇠물팍 식혜
오늘은 내가 식혜를 담근다
허리 아프고 무릎 아픈 것이
엄마 나이가 되었다
쇠물팍 씨앗 몇 개
바지에 묻어 따라왔다

여름은 떠났다

이기대성당 가는 길
새로 지은 아파트 계단에
몸을 반달로 접은 할아버지
신문을 읽고 있다
목덜미에서 등줄기까지
팔월 햇볕이 쨍하다
바깥세상이 궁금한
등 굽은 고목나무가
이따금 고개 들어 하늘을 살핀다
하늘을 보고 있다
비둘기를 보고있다
아니
야생에 코를 박고 갈기를 세우며
번개처럼 내달리는 숫말을 떠 올린다
사그라진 짚불 같은 세월이
흘금대며 떠나는 팔월 꽁무니를 따라간다
할아버지도 바람처럼 묻혀간다

왕후의 노을

꼭 보고 싶었습니다
그래서 가보리라 마음 먹었지요
해질녘 골짜기로 오를수록 물안개가 발목을 감습니다
축축한 산내음
바람에 젖은 새울음
살짝 귀가 긴장합니다
드디어
경사면에 띠를 두른 듯 돌담이 보입니다
분산성 성곽입니다
한눈에 보이는 김해 전경은 관심 밖입니다
널찍한 바위에 '만장대'라 새겨진
대원군 휘호와 낙관도 그냥 지나칩니다
해가 지기 전 '왕후의 노을'을 보기 위함입니다
노을을 보며 남서쪽 '아유타'국에 대한
왕후의 마음을 보고 싶습니다

'해질녘 햇빛을 받은 사막의 모래는
여전히 황금빛으로 휘날리는지
지금도 머스타드꽃은 한겨울에 세상을 밝혀주는지

저는 안녕합니다
본래 소중한 것은 멀리 두고 보는 것이라지만
멀리 있는 아유타가 가슴 아프게 그립습니다'

안부를 전하는 '허황옥'의 눈빛처럼
하늘이 더 붉어졌습니다
노을이 눈물을 담았습니다
들숨에 노을이 목에 걸려 숨이 막힙니다
내내 머릿속에서 맴돌던 숙제를 마쳤는데
가슴에 커다란 구멍 하나
더 뚫렸습니다

연리지

마을 입구 배롱나무
계절이 세 번 지난 뒤에서야
키가 비슷한 연리지라는 것을 알았다
아지랑이에 눈길을 묻는 것과
꽃을 피우기 위해 햇살 속삭임도 같이 들었다
폭풍우가 부는 계절엔
비바람에 몸이 부대껴도
함께 의지하고 흔들림 속에 고요를 찾았다
파시가 끝난 포구처럼
추수 끝난 걸음들이 드물어도
들판을 바라보며 허공을 지붕 삼았다
봄이 오면 새들도 돌아오고
동네 어른들도
장기판을 들고 온다는 것을 아는 배롱나무
그날을 손꼽으며
보름 달빛에 키를 키우고 있다

영축사지 다녀온 날

영축사지 범종소리
율리 골짜기 울리며 되돌아온다
일주문 지나 씻어 내리라 다짐했는데
금강계단에서도 버리지 못하고
목어 노래가 사지寺地를 내려온다
귀신고래 오지 않는 장생포를 지나며
햇살은 시들어가고 바람이 시리다
종소리 품고 돌아온 날
승강기 앞에서 빨간 불을 불러내며
잔기침 쿨럭 인다

울타리를 보다

끝내 눈물 보이지 않고
환한 미소로 오히려 다독여 주곤 했다
남편 빈자리를 못 느낄 만큼
섬처럼 지내지도 않았다
그래서
속내를 눈치채지 못했다
미소로 친 울타리를 넘지 못했다
유난한 수다가 낯설다는 것조차 깨닫지 못했다
성벽은 견고해 보였고
다행이다 하며 평온하기만 기도했다
삼년 전 그날도 벚꽃이 환했다
갑자기
배웅도 없이
뒷모습도 보이지 않고
남편 뒤를 따라 가버렸다
그녀 사십구젯날
그리스도인인 나는
재 올리기가 어색해
탑돌이로 마음을 전했다

끝내
그녀의 울타리를 기웃대기만 했던 무심함과
지쳐있는 나 자신까지 보속으로 빌었다

은행나무 등燈

주절주절 많이도 달았다
누군가의 꿈을
누군가의 사랑을
누군가의 건강을 염원하는
등불들
키 큰 노목이
더 많을 꿈을 달아주기 위해
가지를 늘어뜨리자
기다렸다는 듯
수백 개의 등이
노랗게 불을 켄다

제 4 부

장마

대신 울어주고 싶다
같이 울고 싶다
세찬 빗줄기를 오롯이 맞으며
큰 소리로 울부짖는 전선 위 직박구리
하늘 향한 악다구니인지
스스로를 다그치는 고함인지
곁눈질 없이 허공을 바라보며 소리 지른다
빗물 털어낼 생각조차 없이 꽉꽉대는 새가
절벽 끝에 깨금발로 서 있는 마술사를 보듯 안타깝다
사방은 어두워지고 빗길은 더욱 세찬데
새는 날아갈 기미조차 보이지 않는다
내가 보이지 않는다

장미에 끌리다

달포만에 만난 그녀가 변했다
상기된 얼굴로
쉼 없는 자랑 입술이다
첫사랑에 빠진 소녀 눈빛으로
들뜬 목소리가 소프라노 음이다
손가락으로 휴대폰 사진을 옮겨가며
내게 공감을 재촉한다

"손주 자랑은 돈 내고 해야되는데"

이미 유경험자인 나는
차마 내뱉지 못하고 속으로 누른다
그리고

"정말 사랑스럽네"
 웃어준다

어디선가 알싸한 향기가 코를 간질인다
탁자 위 자몽차는 아니다

둘러보니 그녀 뒤로 장미가 흐드러지게 피어 있다
그녀와 눈을 맞추고 있지만
뒤쪽 장미향에 취해 버렸다
유월 장미가 그녀 손주보다 먼저
내 마음을 가져가 버렸다

침묵 피정

떠돌이 별도 그냥 지나치는 외딴 섬
키 큰 가로등 어둑한 불빛
산을 넘어온 노을이 낮과 밤의 경계를 점령한다
미루나무 가지 사이로 노을 그림자 길게 금을 긋는다
열 시간 넘게 견뎌온 무거운 침묵이
'어머나' 탄식 한마디에 힘겹게 무너진다
많은 재잘거림과 한숨을 품고서 견뎠을 침묵은
시끄러운 수다까지 끌어안고 있느라 파리하게 야위었다
어울려 살기 위해 서로의 팔 잡아당기며
솔직히 드러내지 못한 통증들
이따금 받은 상처로 스스로 허공에 빠졌던 부끄러운 시간들
부족함이 느껴지면 다스리지 못하고 무너졌던 높은 키
그런 나 자신을 다독이려 찾은 외딴 섬이다
명상의 주제는 침묵 비우기
머릿속으로 씨를 뿌리고 물을 주라한다 꽃을 피워보란다
그러나 고랑을 만들기 무섭게 칸나와 채송화가 싸우

기 시작한다
 냉이와 감자 싹도 다툰다
 잡풀이 무성한 깊은 우물에서 물을 퍼 올리다보면
 물이 아닌 부끄러운 그림자가 두레박에 담겨 올라온다
 내 손으로 내 얼굴 가리기가 턱없이 부족하다
 가려졌던 군더더기가 너무 많다
 한바탕 소나기가 머릿속을 헤집고 지나간다
 빗방울 소리가 온몸을 두드리고 잔물결이 큰 파도가 되어 소용돌이 친다
 오래 참은 멍 자국들 눈을 크게 뜨고 울먹이며
 묵은 빨래 씻는 듯 힘겹게 뒤척인다
 지워야 할 얼룩이 씻겨가고 눌려있던 징검돌이 제자리를 찾는다
 뜨거운 소망이 흠집 숭숭한 기억으로 남았어도
 누추한 그림자 지우며 미소 짓는다
 미소 속에 시간이 출렁거린다
 잠시 쉴 수 있는 그늘을 찾은 듯
 침묵이 한숨을 쉰다

파도 소리를 보다

툭툭
밤송이 떨어지는 소리가 들릴 즈음
청호반새는 석길산을 떠날 채비를 한다
초등학교 단짝 '윤희'를
가슴 한 켠에 묻은 게
이맘 때쯤 인 것 같다
청호반새가 작은 날개 짓으로
허공에 윤희 얼굴을 그리고 날아간다
숲에 왜바람이 찾아들면
숲은 녹색 바다가 된다
손가락 끝에도 스치지 않는 윤희는
파도가 되고 포말이 되어
숲속 나무 그네를 탄다
나는 희야가 스며든 숲을 바라보며
날아간 청호반새를 찾는다
파도 소리를 내며
물결을 만드는 나무들
숲을 바라보며
날아간 청호반새를 기다리는지

희야의 손길을 그리는지
그저 꿈속처럼 아득하다

*석길산 : 기장군 철마면 웅천리에 있는 작은 산

친근한 장마

아침부터 유리창은 빗금질이다
누구에게 전할 수 없어 참았던 눈물이 터진게지
무수한 화살이 길 위에 꽂힌다
진종일 슬픔을 멈추지 않는 하늘
마신 커피마저 목에 걸리고
식탁은 젖어 바닥에 가라 앉는다
빗소리 가득한 거실은 물 젖은 홑이불로 나른하고
우울로 버무러진 속내는 곰팡이가 되어 번지고 있다
숨을 들이마시면 빗금이 출렁이고
안개꽃 마르는 냄새로 떠 다닌다
한낮이 어둠으로 방안을 점령하고
게으른 낮잠조차 장마에 깊이 빠져 든다
무겁게 적셔진 눈을 감으면
마른 꿈을 계속 꾼다
장마에 갇혀버린다

폭풍주의보

하늘과 땅이
마주 보고 으르렁 댄다
화를 주체하지 못해
눈에 불을 켜기도 한다
빌딩 뒤에서 숨죽이고 있던 바람들이
일제히 기지개를 켜고
세차게 떨어지는 빗물들
꼿꼿이 서서 달려온다
병원 문을 나서며
녹내장 위험 순위라던 의사의 말을 곱씹는다
평소 앓던 쇼그랜 증후군과 녹내장이 힘을 합쳤다
내 눈에 위험이라는 폭풍주의보가 내렸다
그나마
세상도 내 눈도 아직은
태풍이 아니라서 다행이다

*쇼그랜 증후군 : 눈과 입 그리고 폐가 건조해지는 만성 질병

풍장

눈먼 바람이 묻더이다
매화 향기 따라 떠나면 어떻겠냐고
기특하게 매서운 겨울을 이겨내고
피워 올린 꽃망울들
작은 송이에서 뿜어내는 아찔한 내음
함께 하면 좋겠다
이런 향기와 길동무하면
먼 길도 섭섭하지 않겠구나
강바람이 밀어주는 대로
솔바람이 이끄는 대로
풍경 속에 스며들어
멀고 긴 순례길 떠나리라

하늘 물고기

백련사* 대장전大藏殿 토방에서
추녀 끝 노래하는 물고기를 본다
호흡을 멈추어도 눈썹 감지 못하고
풍경에 매달린 채
된바람에 동그라미 세는 불면은
눈시울만 희롱한다
달팽이관을 닫아보지만
하늘빛을 닮은 바다가
눈앞에 깨어있다
하늘로 날지 못한 물고기는
바다로 뛰어들었다
지느러미는 파도에 눕고
풍경소리가 물갈피를 뒤적인다
경내에 파도가 밀려오고
포말이 허공에 흩어질 때
바람을 밟고 있던 물고기는
하늘빛 닮은 바다가 된다
풍경이 바람과 마주했다

* 백련사 : 부산 용호동에 있는 절

핸드폰을 끄고

버스 꽁무니 먼지도 떠나기 전
턱까지 숨이 오르는 고개를 넘는다
저수지 둑길에 핀 금계국
텃새가 되어 버린 청동오리 몇 마리
손 흔들며 지나는 밭주인을 외면한다
산 넘고 물 건넜다고 핸드폰도 묵언수행
누구도 궁금해하지 않으련만
속수무책인 조급함이 팝콘처럼 터진다
라디오를 크게 켜고
목마른 소식을 듣는다
흙을 뒤덮은 검은 장막을 헤치고
요소비료 한 웅큼 선심 쓰듯 밀어 넣는다
옮겨심기 한 달 만에 땅과 친해진 고추 모종들
햇볕으로 바람으로 흙 맛을 배웠는지
꽃 피워낸 모종들이 옹골지다
잠시 허리를 펴고 하늘을 바라보며
나 지나갈 거라고 울려주는
바람 소리를 듣는다
오월 한낮

뒷산에서 꿩꿩
핸드폰 신호음처럼 장끼가 운다
한적함 속에 흘려대는 옛노래가
눈물 나게 반갑다

햇간장醬

정월 어느 길일을 잡아
하늘 바다를 채우고 숯과 고추를 띄웠다
항아리에 새끼줄을 둘러
귀신을 쫓고
여우 꼬리만큼 짧은 햇볕에
느리게 스며든 단맛
천둥과 번개가 데려온
거센 빗줄기는 밀어내고
배밀이하며 들어온 따뜻한 기운으로
맛이 더욱 깊어졌다
햇간장 품은 도가지가
유난히 반짝인다

화양연화 花樣年華

한 풀 해가 꺾이면
박쥐는 눈이 아닌 귀로 산다
시력이 약해 귀를 바짝 열고 산다
아무 것도 보이지 않는 어둠에도
먹이를 잡는데 불과 영점 오초
날개짓 소리조차 없다
어미가 굴속으로 들어가면
어둠 속에서 반짝이는 네 개의 눈동자
텅 빈 충만의 두 눈과
밥 많이 먹어 화양연화인 두 눈
어둠에 젖어
보이지 않지만
꾸국꾸국 와와와
동굴을 울리는 웃음소리들

흐르는 강물처럼

소리 없이 흐르는 먼 강물은
눈길 한번 주지 않아도
갈대를 재촉하여 꽃을 피우게 하고
더러는 자갈을 굴리게도 한다
흔적 없이 지나치면서
조바심도 내지 않고
비에 젖지도 않는다
몸과 마음이 고단하여
눈물겨운 날
흐르는 강물처럼
흐르는 세월처럼
여유롭게 살아보리라
강을 마주하고 눈을 맞춘다

수제비

풀썩 쏟아져 춤추던 밀가루가
물을 맞자 조용해졌다
같이 놀자 손 내밀자
아니라며 손가락 사이로 삐죽댄다
살짝 뒤적이며 손 저으니
손바닥에서 숨을 고른다
풀풀 날던 반죽이 차츰
아기 엉덩이가 되었다
감자며 호박이 어우러져 끓는 물에
벚꽃 잎 뜯는 놀이를 한다
찰라에 피었다가 자지러지는 벚꽃은
국물 따라 넘쳐 오른다
입술 무르도록 먹었던 어머니 손맛이
빛살 부르던 시골집을 불러낸다
물기 먹은 구름이 맛있다

마늘을 까며

칡 줄기보다 조금 덜 질긴
칡꽃보다 조금 더 연한 바람을 벗긴다
몸을 감싼 속옷이 자꾸만 얇다고 웅크린다
속살에 몸을 붙인 채 떨어질 생각이 없다
눈이 마주쳤지만 못 본 척 억지로 옷을 벗기며
면벽가부좌한 선승처럼 다 잡은 수행
매운맛 햇살과
달큰한 빗물 맛이
살찐 속살에 뽀얗게 배어있다
흙에서 빨아올린 불꽃 덩어리다
비낀 구름 사이
쏟아지는 햇살에 눈이 시려
마른 눈물이 난다

미스김 라일락

햇살이 따사롭게 볼을 스치는 사월이면
짙은 향기가 꽃밭을 채우기 시작한다
나무가 작아서인지 잎도 꽃도 앙증맞다
작은 체구에 비해 꽃잎을 펼치기도 전
화단은 이미 어지러움 만발이고
춤추는 향기가 눈부셔 눈이 감긴다
조심스레 만져보면 손안에 가득 차는 달달함
손끝에서 종이 울리듯 향내 사방으로 퍼지고
그 향은 여름이 올 때까지 꽃밭을 맴돈다
살다보면 시간의 밀물을 잊을 때가 있다
봄이구나 하고 돌아 섰는데 어느새
무성한 여름에 놀라
키 작은 미스김 라일락 향기가 떠났음을
깨닫고 안타까워 진다
선물 받은 라일락 향 향수
꽃밭에 피었던 미스김 라일락인 듯
가만히 앉아 향내를 귀담아 듣는다

다른 세상을 꿈꾸며

이른 가을
콩을 수확한 땅에 월동 시금치 씨앗을 뿌리려고
여름 내내 콩 뿌리를 쥐고 있느라 속까지 단단해진 흙을 풀어 준다
두 발 쇠스랑을 움켜쥐고
흙을 깊이 찍어 내리고 잘게 부순 다음 손바닥으로 비벼 준다
흙 속에서 잠자던 싹 눈을 틔운 여러 개 도토리가
손바닥에서 땅으로 구른다
내년 봄이면 흙을 밀치고 세상살이 나올 애들이다
조용하지만 분주하게
어두운 흙 속에서 싹 틔우며 기다리겠지
햇살을 받으며 가지에 물을 올리면
푸른 잎들이 우루루 피어날 텐데
머지않아 갈대 같던 몸통도 한 아름으로 모자랄만큼 튼실해질 텐데
더 커지고 단단해진 나무는
수천 개 도토리를 떨구며 세력을 키워갈 텐데
썩어가는 도토리 껍질 속에

아름드리 도토리나무 숲이 숨어 있다
열매를 오물대는 다람쥐 동그란 눈도 보인다
흙 속에 열매들을 묻어 준다
땅속 세상에서 한겨울 꿈을 꾸다 보면
머지않아 무거운 시간이 지나가고
무게를 털고 훨훨 손을 뻗으며
숲을 이루기 위해 키를 높일 것이다.

갈미 조개

명지 포구 맛집에서 만난 갈미 조개
능소화 꽃잎을 삼켰나
속살이 노을빛이다
짭쪼롬 쫄깃하게 내게 왔지만
파도에 이리저리 쓸리며 긁히고
깊이도 모른 채 밤낮으로 서슬 푸른 모래알들
진흙에 달라붙어 한 생 다부지게 살아냈겠지
모래바닥에 촉수 늘려 눈치껏 먹으며
바다 어둠 속에서 시나브로 살찌운 살
그러나 발 내밀고 문 닫지 못하는 바보인 것을
오늘 내게 온 갈매기
뻘 뱉어내고
부리의 담백함에 녹고 말았다
입안이 온통 명지 바다다

□ 해설

인식을 통한 사물 나르시즘

강 영 환
(시인)

□ 해설

인식을 통한 사물 나르시즘

강영환(시인)

 '시는 자연의 모방'이라고 말한 이는 그리스 철학자 아리스토텔레스다. 그의 자연은 지금의 자연과는 많이 달라지고 변했지만 자연이 갖는 의미에는 변함이 없다. 아리스토텔레스의 저서 '시학'에서 밝힌 시의 정의와 제작 이론들은 지금도 유효하다. 그를 1916년대의 러시아 형식주의에 포함시킨다고 한들 어떠한 제척 사유를 가질 수가 없을 것이다. 그만큼 그의 혜안은 시대를 초월하여 내려오는 시론의 핵심 이론인 것이다. 현대 시의 이론들이 삶의 방식이 변하였다 하여 여러 다양한 모습들로 파생되어 가고 있지만 시가 지닌 중심철학은 아리스토텔레스의 이론을 중심축으로 하여 역할과 파생을 해왔기에 현대 시에서도 중심축을 온전히 지탱하고 있음을 느낀다. 오래된 철학자를 소환한다고 해서 엄청난 이론이나 변화를 가져오지는 않는다. 시가 지닌 원론적인 창작 의도는 그때나 지금이나 변함이 없다는 것을 말하고 싶을 뿐이다. 그것은 그리스 시대 때부터 시는 자연을 모방해 왔고 자연의 법칙 안에서 그 생명력을 유지해 왔다. 자연이 유구한 것처럼 시도 유구하게 자연과 더불어 생명력을 유지해 왔다. 현대 시는 상징주의를 거쳐 주지주의를 지나고 초현실의 영역에까지 넓히고 있다. 현대 시는 현대인들의 삶을 온전히 드러내야 하며 그러기 위해서는 무의식의 세계까지 보여 주어야 한다는 주장을 한다. 이를 그르다고 할 수는 없다. 그것도 어쩌면 자연의 한 부분으로서 시론에 포함시키면 되는 것이기에 하등 갈등의 여지가 있을 수 없다.

2022년 《부산시단》을 통해 등단한 조을홍 시인의 작품들이 자연을 통한 명징한 비유법으로 자신의 존재 의미를 보여 주고 있는 것도 바로 그리스 철학자가 말한 자연의 모방에 따른 것이라 볼 수 있다. 시인은 시에 무엇을 담아 내야하는 것인가에 대한 분명한 인지를 하고 있기에 작품을 읽을수록 다음 작품에 대한 기대를 갖게 하기에 부족함이 없다. 그것은 삶에 대한 분명한 인식 없이는 자연 속에서 그와 유사한 패턴을 찾아내기가 쉽지 않기 때문이다.

들길을 걷다 마주친
자줏빛 꽃향유

향기가 유난히 짙다
문득 고개를 들어 보니
하늘이
저만치 높아졌다
구름도 머뭇대는
파란 도화지에
몇 마리 새들이 점을 찍고 있다

―「가을 하늘」 전문

 작고 아담한 작품이다. 제재로 선정된 '가을 하늘'은 언제 어디서나 누구나 볼 수 있고 만날 수 있는 평범하고 일상적인 소재이다. 시는 낯설게 하기가 가장 기본이라고 볼 때 이렇게 익숙한 제재는 우선 낯설게 하기에 대단히 힘들 수밖에 없다. 그런데도 이런 소재와 만남을 주저하지 않는 것은 가을 하늘을 향한 시인의 의식이 자리하고 있기 때문이다.

 우선 위 작품을 제 3자적 관점으로 접근해 보기로 한다. 시적 화자가 들길을 걷다가 자주빛 꽃향유를 마주한다. 어디선가 다가오는 꽃향기는 보이지 않는 그 꽃은 가을꽃으로 향기가 유난히 짙다. 향기 때문인지는 모르나 문득 고개를 들어보니 파란 하늘이 보인다. 구름도 머뭇거릴 정도로 파란 하늘이다. 그 하늘은 어릴 때 파랗게 색칠하던 도화지와 같다. 그곳에 자신이 그리지 않은 새들이 점을 찍어내는 것이 아닌가. 새들이 스스로 점이 되어 도화지 속으로 들어와 버린 것이다. 이 시는 단순하다. 시적 화자가 만난 꽃 향유와 파란 하늘을 날아가는 새들이라는 두 장면이 어우러진 구조로 자연을 만난다. 어떤 가공이나 꾸밈이 작용되지 않은 있는 그대로의 순수 자연이다. 하늘을 보게 된 계기를 만든 꽃향기를 만난 것도 내가 의도하지 않는 자연이다. 여기에서 자연이라는 것은 자연스러움이라는 의미다. 내가 가서 꽃향기와 만나는 것이 아닌 꽃향기가 내게 와서 만난 것이다. 새도 그렇다 내가 바라볼 때 새가 하늘을 날고 있었다. 시적 화자의 의도와는 전혀 상관없는 자연 그대로의 현실이다. 그러면 시적 화자는 왜 이런 사실을 발견해 낸 것인가. 그것은 자신의 내면에 그것들이 이미 존재하고 있었기에 실재 그것들과 만났을 때 코에 와 닿았고 눈에 들었던 것이다. 조을홍 시인이 자연과 만나는 구조이다. 의도하지 않고 있는 그대로의 자연의 모습을 빌려와서 자신의 내면을 그려내고 있는 방법론이다. 자연의 모방인 동시에 내 속에서 자연의 발견해 낸 것이다.

20세기 들어서 현상학적 지각이론 펼친 메를로 퐁티는 바라봄을 통해 사물과 자아가 하나가 된다고 하였다. 시인이 사물을 보는 것은 사물이 시인을 보는 것이라 하였고 들뢰즈는 사물이나 자연은 본다는 욕망이 있다며 사물에 대한 인식은 자신이 사물을 봄으로써 이루어진다고 하였다. 대상과의 관계 설정을 내가 대상, 혹은 자연을 바라봄으로써 이뤄진다고 하였다. 시인이 대상과 만나는 방식을 대등한 관계로서 만나야 자아의 인식을 가져올 수가 있는 것이다. 조을홍 시인이 자연을 만나는 방식이다. 시적 화자가 욕심 없이 대상을 바라보면 그 대상도 시인에게 욕심없이 다가 선다. 이 방식은 아이들이 자연을 바라보는 방식일 것이다. 자연에게 어떤 욕심이 있을 수 없다. 그런 순진무구가 바로 자연이 가진 본질이며 인간이 자연 속에서 편해질 수 있는 이유이기도 하다. 그것이 퐁티가 말한 나르시즘이다.

추사 김정희는 죽기 사흘 전에 '板殿'이라는 봉은사 편액을 썼다. 그 글씨에는 추사체가 가진 독특하고 재기 넘치는 개성의 범주에 한창 못 미친다. 그 글씨는 추사가 일곱 살 학동이었을 때 쓴 글씨체와 유사하다는 게 세평이다. 그리고 최고의 글씨로 손꼽는데 주저함이 없다. 그 편액에는 어린아이에게서 느낄 수 있는 순수함과 초월의 의미를 발견할 수 있기 때문이다. 그것이야말로 자연으로 돌아간 글씨가 아닐까? 젊었을 때 좌충우돌하며 타인을 부정하고 자신만의 개성을 추구하던 추사 자신마저 스스로 내던져버린 대자연의 숨소리에 귀의한 것과 다를 바 없는 무욕무구의 경지를 보여 주고 있음이다. 자연에서 출발하여 자연으로 귀의해 가는 모습이다. 조을홍의 작품에서 어린아이와 같은 감수성을 발견하는 일은 그리 어렵지 않다. 「가을이 오네」, 「강촌 오후」, 「청사포 쑥부쟁이」, 「그리움을 벗다」, 「길」 등의 작품에서 걸림 없고 욕심 없는 자연과 만나는 편안함이 있다. 아울러 자연에 빗댄 자신의 사랑 이야기를 풀어내기도 한다.

씨 뿌리는 계절이 지났다
눈 감고 있다가 잊었던
싹 틔우고 싶어
채송화 씨앗을 파종했다
긴 낮잠 속에 보냈던 시간들
스멀한 푸름이 눈에 들었다
숫자는 씨앗을 먹고 키를 키웠다
어느 날
복병 같은 햇살이 새싹을 삼켜버렸다
가슴 설레게 다가온 새싹이
홍역이 되어 버렸다
재도전은 꿈이 아니었다
흙을 밟고 올라오는 새싹
힘찬 여정이 손을 내민다

애기 고사리 발끝이 당당했다
지금도 몸집을 불리고 있는 아이
눈빛이 튼튼하다

―「나의 사랑은」 전문

이 작품은 자신이 가진 사랑을 채송화 씨앗에 비유하여 어떻게 사랑을 가꾸고 간직하는 것인지를 형상화한 작품이다. 채송화는 작고 귀여운 꽃이다. 그 씨앗은 너무 작아 잘 보이지도 않는다. 자신의 사랑을 그렇게 소박한 꽃으로 빗대는 일은 겸손하고 내세우고 싶은 마음이 없다는 의미를 보여준 것이다. 시적인 화자는 씨를 뿌려야 하는데 그 시기를 놓쳤다. 식물은 기후에 민감하여 제 시기를 맞춰 씨를 뿌려야 발아도 잘 되고 기후에 적응하여 잘 크기도 한다. 그런데 씨 뿌리는 시기를 놓쳤다. 눈 감고 있다가 잊고 있었던 사랑의 싹을 틔우고 싶어 지금은 늦었지만 새로이 씨앗을 파종한다. 긴 낮잠으로 흘려보냈던 시간들이 안타깝지만 발아가 된 싹들이 돋아나 푸름이 눈에 든다. 흘러간 숫자들이 씨앗을 먹고 키를 키웠다. 숫자들이란 세월이기도 하고 나이이기도 하다. 어려울 것 없이 그것의 상징으로 보면 된다. 그렇게 어렵게 틔워 키우던 싹을 숨어 있던 강렬한 햇살이 새싹을 삼켜 버렸다. 시기하던 무지한 햇살이다. 내게 어렵게 다가온 사랑의 싹이 홍역을 앓게 되었고 새롭게 씨를 뿌린다는 건 꿈이 아니었다. 그렇지만 포기하지 않고 그렇게 사랑은 다시 새롭게 돋아나 싹이 텄다. 새로운 길로 힘차게 내딛는다. 작고 고사리 같은 발끝으로 채송화는 당당하게 걸어 갔다. 현재도 몸집을 불리고 있는 아이는 눈빛이 튼튼하여 잘 자라고 있는 사랑이다. 채송화는 화자가 간직한 사랑이기도 하고 식물인 채송화 자체이기도 하다. 채송화와 작은 사랑은 서로 내밀하게 연결 지워져 어떤 은유를 만들어낸다. 작고 아름다운 사랑이라는 거다. 이런 자연에 겸손하고 자신의 내면으로 끌어들여 어떤 비유를 만들어내는 조을홍 시인의 시가 가진 섬세함이라고 특징 지워진다. 조을홍 시인은 자연과 함께일 때 가장 편안함을 보이고 물 만난 물고기가 된다는 느낌이다. 그만큼 자연에 대한 관찰과 이해가 높은 것이다.

불현듯 찾아와
콧등을 시리게 하더니
하염없이 먼 산을 바라보게 한다
구름 한 점 없는 하늘이
눈부시게 서럽다
저기

겨울을 건너 봄으로 오는 하늘이
무심하게 지상을 굽어보고 있다
하늘을 따라온 바람 끝자락에서
봄 냄새가 난다

—「그리움」 전문

불현듯 찾아와 콧등을 시리게 하거나 하염없이 먼 산을 바라보게 하거나 구름 한 점 없는 하늘이 눈부시게 서럽게 느껴지게 하는 것은 그리움이다. 겨울을 건너서 봄으로 오고 있는 하늘이 무심하게 지상을 굽어보고 있거나 하늘을 따라온 바람 끝자락에서 봄 냄새가 나는 것은 모두 그리움 때문이라는 거다. 그리움의 모습을 잘 형상화해낸 작품이 아닐 수 없다. 추상적이고 관념적인 의미를 구체적인 자연의 모습으로 스켓치해 내는 능력이야말로 조을홍 시인의 시적 표현력의 출중함을 보여 준다할 것이다. 자연 사랑은 곧 자신을 사랑하는 것과 동일시 된다.

단풍은 단번에 물들지 않는다
숱한 안개의 숨소리를 듣고
숲이 일렁이는 소리도 들으며
그늘진 골짜기의 거미줄처럼

저희들 생각을 시나브로 단풍으로 물들인다
제일 먼저 몸을 바꾸는 풀솜대
빨간 알맹이를 앞세워
강가에 점잖게 자리 잡았다
뿌리 내린 상처가 피워 올린 향기가
강둑 따라 열렸다
상심한 갈대의 몸짓
그늘 섞인 뒷모습이 나와 닮았다
출렁
마음속 강물이 소리를 낸다

—「강물 소리」 전문

  시적 화자는 알고 있다. 오래 자연 속에서 살아왔기에 관찰을 통해서 알게 된 단풍은 단번에 물들지 않는다는 사실이다. 단풍이 물드는 것은 안개의 숨소리를 듣고, 숲이 일렁이는 소리도 듣고, 그늘진 골짜기 거미줄처럼 엉겨있는 계곡 물소리 생각을 시나브로 단풍으로 물들인다고 생각한다. 산에서 제일 먼저 몸을 바꾸는 식물 즉 빠르게 단풍이 드는 건 풀솜대이다. 빨간 알맹이를 앞세워 강가에 자리 잡는다. 뿌리내린 상처가 피워 올린 향기가 강둑을 따라 열린다. 상심한 갈대가 바람에 몸을 흔든다. 그 모습이 시적 화자와 닮았다. 가슴이 출렁인다. 내 마음 속을 흐르는 강물이 소리를 낸다. 이 작품에서 핵심적인 역할을 하는 것은 풀솜대이다. 풀솜대에는 전해 오는 이야기가 있다. 아주 오랜 옛날 춘궁기(보릿고개)에 굶어 죽는 사람들이 많았다. 그럴 때 절간에서는 풀솜대를 끊어와 죽을 쑤어서 중생들 생명을 구했다는 이야기다. 풀솜대가 간직한 아픈 현실을 바라보지 않을 수 없다. 풀솜대는 뜯겨 가서 생명을 구하고 뿌리만 남게 되는 아픔이지만 향기로 남게 되고 그러지 못하는 갈대는 상심한 채로 바람에 흔들리기만 한다. 그 뒷모습이 나와 닮아 있다. '출렁'은 '철렁' 내려앉는 가슴의 또 다른 의역이 된다. 가장 먼저 단풍 드는 풀솜대의 모습을 보면서 내 안에 출렁이는 강물 소리를 내게 되는 것까지의 연결고리가 전광석화처럼 빠르게 이어진다. 망설일 이유가 없다. 단풍 드는 풀솜대를 보는 순간 벌써 내 마음 속에는 강물이 소리 내어 흐르고 있었다는 것이다.

 단풍이 서서히 물든다는 것과 제일 먼저 물드는 풀솜대 사이에는 어떤 연결이 숨어 있을까? 그것은 나의 뒷모습 같은 갈대에 있다. 갈대는 단풍이 들기보다는 시들어 간다는 데 방점이 있다. 갈대가 내는 강물 소리는 세월이 흘러가는 소리다. 풀솜대는 늙어가는 모습도 아름답게 단풍이 드는데 갈대 모습인 나는 단풍 같은 건 꿈도 못 꾸고 그냥 시들면서 세월이 흘러가는

소리나 내고있는 자신을 자책하고 있다는 의미를 풀어
낸 것이다. 자연이 변화하는 세월 속에서 자신의 모습
을 찾아가는 조을홍 시인은 사람과의 만남 속에서도
그런 자신의 모습을 찾아낸다.

  석 달 전 파마를 했는데 큰 이모를 만났다
  잘 삭은 오이지 얼굴빛에
  마중물 기다리는 우물처럼 푹 꺼진 눈자위가
  오랜 투병 생활을 하던
  영락없는 큰 이모였다
  적잖은 충격으로 큰 이모를 떨쳐내느라
  애면글면 몸과 마음을 추스렸다
  닷새 전 아침
  지인들 모임에 참석하려고
  머리에 한껏 힘을 주고 얼굴엔 분까지 발랐다
  거울을 보니 이번엔 언니가 보인다
  갸름한 눈매에
  살짝 미소 짓는 반달눈썹까지
  나보다 세 살 위인 언니를 쏙 뺐다
  오늘은 단발파마를 할 요량이다
  단발머리가 다른 스타일보다 어려 보인다는
  원장님의 조언을 따랐다
  지난번과 다른 모양새로 멋을 한껏 부린 오늘

거울 속의 나는 누구로 비춰질까
이모도 언니도 아닌
점잖게 나이든 실버 우먼이길 기대하며
설레는 마음으로 거울을 본다

―「거울이 설레다」 전문

  이 작품은 시적 화자가 거울을 보면서 느끼는 자신의 모습을 자신이 만난 사람의 모습으로 데체하여 느끼는 감정을 드러낸다.
  우선 자신이 파마를 석달 전에 했는데 거울 속에서 큰이모의 모습을 만난 것이다. 큰이모는 투병 생활을 오래 해서 잘 삭은 오이지 빛깔의 얼굴빛에 우물처럼 푹 꺼진 눈자위를 하고 있는 모습이다. 적잖은 충격을 받고 큰이모의 모습을 떨쳐내기 위해 몸과 마음을 추스렸고 그 뒤 다시 지인들 모임에 참석하려고 머리에 힘도 주고 얼굴에 분까지 발랐지만 거울을 보니 이번에는 자신보다 세 살이나 많은 언니를 빼닮아 보인다. 미용소 주인이 단발머리 스타일을 조언해 오자 따르기로 하고 지난 번과 다른 모습으로 한껏 멋을 부리고 거울을 보는데 큰이모도 언니도 아닌 우아하게 늙어 보이는 실버우먼을 꿈꾸는 자신이 거울 앞에서 설레인다는 내용을 가진 작품이다. 거울 속에서 발견하는 자신의 모습을 가감없이 드러내면서 자연스럽게 큰이모와 언니의 모습까지를 형상화한다. 대상관찰에 진심인 조을홍 시인의 작품은 분명한 의미를 보여 주기에 충실하다. 자연을 대하듯 사물에 대한 관찰력 또한 숨은 의도를 갖지 않는다. 거울을 본다는 것은 바로 자신을 들여다보는 일과 같다. '거울' 이미지가 빈번하게 나타나는 이유도 자신을 더 사랑하고 싶은 의미를 간직한다. 이와 같은 자신의 모습에 접근하려는 조을홍 시인의 내면을 향한 작품은 더 있다.

> 물티슈 한 장 빼서
> 거울을 닦아본다
> 말끔해진 거울 앞
> 그녀 얼굴이 환하다
> 마트 가는 길
> 언제 들어왔는지
> 주머니 속에서
> 그녀가 내 손을 잡고 있다
>
> ―「물티슈」 후반부

이 작품은 물티슈를 통해 자신의 본래 모습을 확인하게 된다는 내용이다. 자신이 가는 곳마다 따라다니는 그림자와 같은 존재가 있다. 그 존재를 누구라고 획정은 하지 못하고 있는데 화장을 지울 때 거울 속에 있다든가하는 표현으로 보아서 자신과 일치한다. 조을홍 시인은 자연을 향한 시선을 거둘 때는 그 시선 끝에 자신이 놓이게 된다. 의식적으로 자신의 존재를 찾아 나서는 모습을 갖춘다. 타인과 만나더라도 그 타인 속에서 자신의 모습을 발견한다. 자신이 찾는 자신은 자신의 주머니 속에서 자신의 손을 잡고 있다. 이 시에서는 자신을 '그녀'라고 제 3자화 하여 보여 주는 것은 또 다른 나르시즘이다.

숨소리가 급해졌다
가쁘게 몰아쉬기 시작하더니
어깨를 들썩이며
뜨거운 눈물을 내뱉는다
고구마 익는 냄새가
렌지를 떠나 식탁 위를 넘나들고
무심히 냄비를 바라보다
냄비가 흘리는 눈물에
가슴에 구멍이 뚫린 듯 시려온다
코끝이 맹해지며 울음이 터질 것 같은데
눈물은 나오지 않는다
엄마 임종 때도 그랬다

눈이 마르고 입이 마르고 끝내는 폐까지 마른다는
쇼그랜 증후군이다
눈물 없는 나를 대신해 울고 있는
렌지 위 냄비가 고맙다
나의 곡비다

—「곡비哭婢」 전문

 렌지 위에 올려놓은 냄비는 자신을 대신해 울고 있는 곡비라는 설정이 의외다. 곡비는 상가에 가서 상주 대신 소리 내어 울어 주는 노비를 말한다. 상주가 어리거나 없는 경우에 노임을 주고 대신 소리 내어 울어 주는 사람을 고용한다. 이 작품에서 화자는 렌지에 올려놓은 냄비가 울기까지 기다린다. 처음에는 숨소리가 급해진다. 가쁘게 숨을 몰아쉰다. 그리고 어깨를 들썩이며 뜨거운 눈물을 내뱉는다. 고구마 익는 냄새가 렌지를 떠나 식탁 위를 넘나들고 화자는 무심하게 냄비를 바라보다 냄비가 흘리는 눈물에 가슴에 구멍이 뚫린 듯 시려온다. 코끝이 맹해지며 울음이 터질 것 같은데 눈물이 나지 않는다. 엄마 임종 때도 그랬다. 눈이 마르고 입이 마르고 끝내는 폐까지 마른다는 쇼그랜증후군이다. 눈물 없는 나를 대신해 울고 있는 렌지 위의 냄비가 고맙다. 이 작품에서 의미 전체를 떠받들고 있는 기둥은 '엄마 임종 때도 그랬다'이다. 극적인 반전을 가져오며 이 작품을 사물 시가 아닌 자아의 존재를 드러내는 시로 탈바꿈 시킨다. 의인법을 차용해 고구마를 삶고 있는 냄비를 슬픔을 간직한 자신에게 빗대어 울고 싶은 마음을 갖게 한다. 그리고 물이 넘쳐나는 것을 눈물로 파악하여 그것을 바라보는 화자 자신도 슬픔을 갖게 만든다. 그 슬픔은 어머니의 임종 때를 떠올리게 하고 슬퍼도 울지 못하는 질환의 하나인 쇼그랜증후군을 의심해 본다. 이 질환은 자기면역 질환으로 우리 몸의 면역 체계가 자기 몸을 공격하여 생기는 질환이다. 일차적으로 주로 눈물샘과 침샘에 손상을 준다. 울어도 눈물이 나지 않는 경우가 이런 질환 때문이라 한다. 그런 나를 대신해 울어 주는 냄비는 나의 곡비인 셈이다. 이런 류의 작품으로는 「울타리를 보다」, 「가을이 오네」, 「강촌 오후」, 「청사포 쑥부쟁이」, 「장자산을 걷다가」, 「언덕을 넘어」, 「쇠물팍 식혜」, 「연리지」, 「장마」에서 자신의 모습을 발견해 내고자 한다. 어쩌면 조을홍 시인의 모든 작품에서 스스로를 찾아가고 스스로에 빠져드는 모습은 자연스럽다 말하고 싶다.

노르웨이의 오월이
우리 집 꽃밭을 지나갔다

꽃밭은 빙하를 닮은 작은 동산이 되었다
매화향 같은 엄마 분내 뿌리며
몰마농은 꽃대를 세웠다
할아버지 친구가
제주도에서 보내셨다는 알뿌리 몇 개
할아버지는 꽃밭을 친구 선물로 채우셨다
추사가 다산에게 선물했다는 얘기에

더 아끼는 물마농꽃이
뜨락을 향기로 채웠다

—「물마농꽃」 전문

  주석으로 달아 놓은 것처럼 물마농꽃은 제주 수선화이다. 물마농은 제주도 방언으로 꽃이 크고(물) 속 꽃잎이 마치 마늘 뿌리(마농)처럼 생겼다고 붙여진 이름이다. 방울 수선화, 보푸라기 수선화라고도 한다. 추사 김정희가 좋아한 꽃으로 그의 시에 등장하기도 한다.
  노르웨이는 아마도 아파트 이름인 것같다. 그 아파트에도 오월이 지나간다. 꽃밭에 핀 제주 수선화가 하얀꽃을 피워 빙하를 닮은 꽃동산을 이룬다. 매화향 나는 꽃향기가 어머니 분내를 뿌리며 꽃대를 세운다. 할아버지는 친구가 제주도에서 보내준 물마농 알뿌리 몇

개가 꽃밭을 다 채우도록 가꾸었다. 그 꽃은 추사 김정희가 다산 정약용에게 선물했다는 꽃이기에 더 아끼는 꽃이 되었고 그 꽃은 꽃밭을 향기로 채웠다. 그 향기는 어머니의 분내다. 이 작품에는 여러 사람이 등장한다. 현실적인 공간에서는 어머니와 할아버지이고 역사적 공간으로는 추사와 다산이다. 그들 사이를 이어주는 사물은 물마농이다. 조을홍 시인은 앞의 시 「그리움」에서도 그랬듯 이 작품에서도 관찰과 성찰이 어우러져 현실을 뛰어넘는 공간을 창조해 낸다. 추사가 다산에게 선물했던 꽃이기에 향기가 더 진하고 그 향기는 어머니 분내이기도 해서 뜨락을 어머니 향기로 가득 채우고 싶은 화자의 욕심을 드러낸다. 하나의 사물이 단순한 사물에서 그치지 않을뿐더러 시간과 공간에 구애받지 않고 넘나들고 있다. 이럴 때 사물은 단순한 사물에 그치지 않고 시적 화자의 의미 속에 깊숙이 자리 잡은 자신의 모습을 대변하는 대상이기도 한 것이다. 사물 인식을 통한 나르시즘의 구현이라 느낀다. 이런 작품들은 조을홍 시인의 작품에 다양한 모습으로 나타난다. 어떤 대상에 대한 깊이 있는 관찰과 사색을 통하여 대상의 본질 뿐만 아니라 대상이 지닌 숨은 의미까지를 독자들에게 소개함으로써 대상이 지닌 의미의 폭을 넓히고 있다. 사물을 사랑하지 않고는 쉽게 이뤄낼 수 없는 단계이리라. 조을홍 시인의 첫 시집 상재를 축하 드린다.